AF586053

OPINION

EXPRIMÉE AU NOM

DE LA SOCIÉTÉ LIBRE DES BEAUX-ARTS,

SUR

LE SALON DE 1840.

PARIS, IMPRIMERIE DE DUCESSOIS, 55,
quai des Grands-Augustins (près le Pont-Neuf).

OPINION

EXPRIMÉE AU NOM DE LA SOCIÉTÉ LIBRE DES BEAUX-ARTS,

Sur le Salon de 1840,

Par une commission spéciale,

ET RÉDIGÉE PAR M. DUVAUTENET,

Rapporteur de cette commission.

Messieurs,

Si les beaux-arts peuvent et doivent conserver une heureuse influence sur la civilisation et les mœurs des nations, la première condition indispensable à ce résultat est le dégré d'estime où ils sont placés parmi les hommes. Tout ce qui tend à en relever la dignité est favorable à leur action salutaire; leur décadence et leur dégradation, en réagissant sur l'état social, indiquent invariablement le mal moral qui le tourmente. Ainsi défendre les principes du goût, protester contre les systèmes vicieux et les opinions dangereuses, ce n'est pas seulement une action utile dans l'intérêt de l'art et des artistes; c'est encore une nécessité sociale; car tout est solidaire daus les sociétés humaines; le mal y est toujours la conséquence d'un devoir inaccompli de la part de ceux qui sont appelés à les diriger ou à conserver au milieu d'elles les vrais principes de la sociabilité.

Depuis longtemps, messieurs, l'utilité de cette protestation vous avait frappés. Enfin, l'année dernière, la Société libre des Beaux-Arts s'est déterminée à entrer dans cette voie utile, et elle a formulé son opinion sur le Salon de 1839, en signalant les aberrations de la presse quotidienne à son sujet. L'exposition des produits de l'industrie venant ensuite, comme un corollaire, démontrer l'influence déplorable des idées nouvelles sur l'application des arts du dessin aux produits manufacturés, a également fourni à cette Société la matière d'un examen consciencieux, dont la rédaction lucide, mise sous les yeux des fabricants, a dû provoquer de leur part de mûres réflexions. La même nécessité se fait aussi vivement sentir à l'égard du Salon de cette année. Les organes de la presse ont beau se multiplier; dans ces feux croisés d'opinions divergentes, nous aurons peine à signaler un plus grand nombre de bons jugements, et cependant les mêmes hommes écrivant toujours dans les mêmes journaux, on pourrait croire que l'expérience et l'habitude de voir auraient dû modifier leurs opinions; mais l'éducation artistique ne se fait pas avec la plume, et il ne suffit pas de fréquenter les artistes pour comprendre l'art.

Cette année, il y a eu accord unanime de réclamation contre les effets du jury, plus que contre le jury lui-même. Les plus judicieux ont senti que c'était moins sa composition que le principe de ses opérations, qui était vicieux. Beaucoup aussi ont reconnu combien est fausse et funeste l'idée d'une égalité chimérique, qui remet en question tous les ans les réputations faites en face des réputations à naître, et qui en multipliant outre mesure la tâche déjà si difficile d'un examen individuel, conduit nécessairement à des erreurs, erreurs dont les conséquences compromettent quelquefois jusqu'à l'existence même des artistes.

La discussion de la presse sur cette question est curieuse. Élever bien haut les auteurs d'ouvrages refusés, rabaisser dans la même proportion ceux qui ont eu le bonheur d'être admis, et pousser même le syllogisme au point de préférer, dans les productions du même auteur, celle qui a obtenu les honneurs du refus, ceci n'a rien qui surprenne; c'est l'esprit de la coterie dirigeante. En l'absence de toutes contradictions possibles, ses jugements, infaillibles alors, n'en ont que plus de portée ; souvent même plus d'une faveur est venue de haut consoler la victime des rigueurs du jury et donner un démenti à ses arrêts. Chaque année, nous étions témoins de cette manœuvre; mais cette fois la tactique de la coterie s'est trouvée dépassée. Soit précipitation, soit inadvertance dans un tribunal dont les membres fatigués et entourés de dégoûts de toute espèce, n'apportent peut-être pas tous la même exactitude courageuse dans l'exercice de leurs fonctions, la rigueur qui leur a été, dit-on, recommandée est devenue excessive. Des noms connus depuis longtemps, des talents sages, des ouvrages dignes de leurs auteurs se seraient trouvés écartés, au grand regret même de la majorité des juges, qui aurait eu le tort de n'être pas à son poste. La presse irritante devait naturellement tirer parti de ce fait, et elle n'y a pas manqué ; mais alors nous avons vu les organes les plus avancés du progrès et de l'égalité, poussés par la logique des conséquences, en constater l'abus et réclamer avec force la reconnaissance des droits acquis ; noble privilége, en effet, qui, après avoir survécu à l'abolition de tous les autres, devait s'anéantir sous l'habileté des ouvriers du lendemain, et uniquement à leur profit. En ce moment donc l'opinion des journaux est unanime; les vices de l'ordonnance royale constitutive du jury sont reconnus; l'impossibilité d'un tribunal auquel on ne laisse ni le temps physiquement nécessaire pour examiner, ni la faculté de révision, est bien démontrée ; et si à la publicité de la presse vient se joindre celle de la tribune nationale, provoquée par des pétitions couvertes, dit-on, de noms honorables, on doit espérer qu'enfin le pouvoir désabusé s'apercevra que, dans cette question aussi, il y a quelque chose à faire, et que la réforme de ce qui est, devient urgente, dans l'intérêt de l'art et des artistes, comme dans celui de l'administration et de notre premier corps artistique constitué, gravement compromis. Ces réflexions, messieurs, la Société libre des Beaux-Arts n'a pas attendu l'expérience de dix années pour les émettre; depuis 1831, elle n'a pas cessé de réclamer près de l'autorité à ce sujet, dans le même sens.

Si l'unanimité de la presse et les réclamations provoquées par la question du jury ont pu éclairer l'opinion publique et surtout le pouvoir, les journaux auront bien rempli leur mission. Malheureusement là se sera bornée leur action salutaire; la discussion qui va suivre en offre la preuve.

Parmi les journaux les plus influents, citons d'abord *les Débats ;* de tous ceux qui traitent les questions d'art, l'écrivain de cette feuille devrait être l'un des mieux préparés par la nature des études artistiques qu'il a faites. Comment donc ne s'est-il pas aperçu qu'en déplorant l'innombrable multiplicité des artistes et de leurs productions, il accusait précisément la conséquence la plus frappante de cette facilité dédaigneuse des règles et des principes, que lui-même, un peu plus tard, se laissera entraîner à louer sans restriction; qu'en accordant ainsi des éloges, peut-être un peu commandés, à des talents engagés dans la route des faux systèmes, c'était ouvrir la porte à l'invasion de la multitude; enfin qu'il y a mauvaise grâce à s'apitoyer sur le sort de malheureux dont on a caressé les erreurs et qu'on a contribué à lancer dans l'abîme? Plus conséquent en ceci, le rédacteur de l'*Artiste* trace sous des couleurs riantes la joyeuse misère, la misère parée de cette race à part d'honnêtes gens, sans inquiétude de la veille, sans souci du lendemain. Au lieu de la décourager comme son confrère des *Débats*, il égaie au moins les réflexions qu'elle lui suggère. « Il la faut aimer de toutes ses forces, dit-il, cette race fantastique qui s'enveloppe avec tant de grâce dans son manteau troué. Vous demandez, ajoute-t-il, ce que deviennent tous ces marbres, toutes ces toiles ; c'est tout comme si vous demandiez ce que deviennent les vieilles lunes. » Et bientôt néanmoins ce singulier ami des artistes, prenant en main les intérêts d'hommes qui à coup sûr ne l'en ont pas chargé, terminera ses articles par une espèce de sermon de charité adressé à ses riches lecteurs, à l'occasion de deux jeunes statuaires, qui, dit-il, n'ont pu vendre encore aucune production. Jusqu'à quel point pareille inconvenance peut-elle être couverte par le coloris du style. C'est ce dont l'insouciant aristarque ne s'inquiète guère. Sensualiste déterminé, les arts et la littérature ne sont sous sa plume qu'une brillante débauche, dont la conscience et les mœurs doivent être bannies comme trouble-fêtes. Content de tout, il chérit ses compagnons d'orgie. Que lui importe qu'ils aient *commis* de médiocres portraits, ou un incroyable tableau d'histoire ou de paysage ? Il le pense, il sait même le leur dire, et ne les en place pas moins tout au haut de l'échelle, sans tenir compte d'aucune rivalité, fidèle en cela à la camaraderie qui a fondé son journal.

Regarder l'indépendance des règles et l'affranchissement de tout frein comme une source de progrès pour les arts, tandis que la même cause agirait en sens inverse sur la littérature, est un paradoxe des plus étranges. On regrette qu'un rédacteur habituellement grave et mesuré, comme celui du *Constitutionnel*, ait pu en faire la base de son argumentation. Cependant les beaux-arts, la littérature et les mœurs d'une nation resteront toujours solidaires, et les mêmes causes de perturbation et de dégradation doivent les atteindre simultanément.

S'il n'a pu sortir un chef-d'œuvre de la renaissance et du style bysantin en littérature, il en a été de même en peinture. La raison en est, de part et d'autre, que les écoliers, trop pressés de passer maîtres, n'ont aperçu dans des œuvres justement estimées que les qualités matérielles. Le littérateur a cru enrichir la langue et les formes du style en leur empruntant la naïveté et les bizarreries de langage, comme l'artiste s'est imaginé recréer des types religieux en copiant la roideur des lignes et l'immobilité de la forme; choses en effet plus faciles à s'approprier que la pensée et l'expression. Prétendre aussi qu'il y a actuellement absence d'école, et en faire une cause de progrès, en constituant, de son autorité privée, deux hommes en chefs d'écoles, l'une de coloristes, l'autre de dessinateurs, est encore une contradiction. Si le même journaliste y eût réfléchi, il aurait senti que ce qu'il pouvait y avoir de vrai dans sa proposition, était le signal d'un danger réel ; car l'absence de toute autorité, c'est l'anarchie, aussi funeste pour les beaux-arts que pour la société politique.

Cette anarchie, le mépris de toute autorité et même des formes polies du langage, se trouvent réunis au même degré dans les feuilletons artistiques du journal *la Presse;* leur auteur n'est arrêté par aucune considération ; malheur même à l'artiste qui doit subir ses éloges ! le ridicule est bien près de l'atteindre : l'article *Paysage* surtout dépasse toute imagination. Le coryphée qu'il a choisi, le peintre du *naturisme*, comme il l'appelle, pourrait à bon droit lui demander raison des indiscrétions de sa plume laudative. A quelque degré que son esprit mérite les qualifications d'aventureux et d'inquiet de la perfection, il doit sentir que des qualités négatives, telles que *la touche ronde et symétrique de son feuillé, la blanche opacité de ses eaux de convention, ses nuages de marbre de Carrare, son affectation à l'austérité, à force d'être sobre, sérieux et sage en ses moyens d'exécution*, tempèrent singulièrement les éloges sans réserve donnés à telle de ses œuvres, dans laquelle on n'a pas même oublié de noter *ces deux intéressantes grenouilles à la mine inquiète, placées là par un charmant enfantillage de l'auteur, dont le jury a eu toutefois l'inconcevable audace de refuser le plus beau tableau; ce qui est-la même chose*, ajoute le journaliste, *que si on eût refusé un Poussin ou un Ruysdaël*. Mais, si la bizarrerie de cette espèce de critique doit être réprouvée par le bon goût, que dire de l'épithète *affreuse* jetée en passant à une production estimable d'un paysagiste du premier mérite, d'un homme qu'une belle réputation et les services qu'il a rendus à l'instruction, protégeront toujours, alors même que les années auront affaibli sa vue et appesanti sa main? L'indignation de l'honnête homme peut seule faire justice d'un semblable oubli de toutes les convenances. Permis à *la Presse* d'avoir ses prédilections; mais elle ne devrait jamais oublier qu'elle remplit un sacerdoce, et que, si la partialité est quelquefois excusable, l'injure ne l'est jamais.

Le caractère le plus frappant de la discussion dans tous les journaux, à peu près sans exception, est cette incroyable légèreté avec laquelle les jugements les plus contradictoires se trouvent souvent rapprochés. Ainsi un assez grand nombre de ces feuilles croient qu'il est de bon goût et d'un esprit progressif de crier anathème à l'école de David, dont elles ignorent les principes, et de louer outre mesure celle de l'un de ses élèves, fondée également sur le dessin et la forme, mais qu'on pourrait taxer de rétrograde, parce que l'imitation des vieux maîtres italiens y prend trop d'importance. A tout instant enfin, l'éloge contradictoire de la couleur sans la forme se trouve accolé à celui de la forme sans la couleur. Peu leur importe que la logique ait tort ou raison dans cette matière ; ce qu'ils veulent en définitive, c'est l'amusement du public bien plus que son instruction. Et d'ailleurs, l'artiste, s'il n'est pas trop difficile, devra trouver son compte dans ces nomenclatures, où la louange, calculée par ligne, doit atteindre tous ceux qui n'auront pas omis la carte de visite obligée ; où la critique fait patte de velours, à moins qu'on ait le malheur d'être membre de l'Institut ou déterminé classique. Néanmoins, s'il n'existe pas de feuilles publiques absolument impartiales, il convient de citer parmi les plus mesurées, comme d'honorables exceptions, le *Moniteur,* souvent aussi le *Constitutionnel*, la *Gazette*, et quelques autres moins lues, telles que la *France*, dont la rédaction est plus particulièrement pénétrée des principes sans lesquels, en fait d'art, aucune discussion raisonnée et raisonnable n'est possible.

Généralement les organes de la presse se sont accordés à refuser au Salon de cette année le même degré d'intérêt qu'aux précédents. L'absence de certains noms justement estimés y contribue, disent-ils ; quelques-uns, comme *les Débats*, en accusent aussi, non sans raison, le retour trop fréquent des expositions, qui ne laisse pas aux artistes le temps nécessaire aux études et à l'achèvement de leurs ouvrages. L'un d'entre eux, *le National*, va jusqu'à y voir l'impuissance de l'art au milieu d'une société corrompue qui fait effort pour se régénérer Un autre enfin, poussant cette conséquence au dernier terme, regarde les Salons annuels comme indispensables, par la raison que l'art, devenu métier et marchandise, a besoin d'un marché comme toute autre denrée.

Quant à nous, messieurs, qui avons pris l'art au sérieux, l'ouverture du Salon, à quelque époque qu'elle ait lieu, est toujours pour nous une manifestation utile : nous y cherchons, outre certains enseignements qui ne manquent jamais, la mesure, soit des espérances que nous pouvons fonder sur la prospérité de l'école, soit des craintes trop souvent justifiées sur sa dégénération possible.

Dans l'histoire de l'art, de ses progrès et de ses décadences, il est un fait unique et qui, à toutes les époques, se représente invariablement. L'esprit humain n'a pas deux manières de procéder dans ses conceptions ; toujours l'analyse précède la synthèse. L'art, dont le principe n'est autre que l'imitation de la nature, débute par la naïveté et l'exactitude. Raphaël commence par être Pérugin ; sa conscience imitative est extrême, bientôt néanmoins son génie l'entraîne ; il sent la possibilité d'exprimer plus largement divers détails, qui exigeaient trop de temps et de soins ; l'adresse de sa main obéit à sa pensée ; sa touche spirituelle suppose ces détails achevés, et l'apparence ainsi est substituée à l'imitation positive. Ici le génie s'arrête ; mais la pente est glissante, et l'élève impatient, prenant pour son point de départ celui d'arrivée du maître, ne peut manquer de tomber dans la manière : car il lui manque, à lui, l'étude primitive et l'ordre logique des observations qui ont guidé le grand artiste. C'est ainsi qu'après sa mort, Raphaël lui-même à contribué le premier à la dégénération de l'art qu'il avait élévé au plus haut point de perfection.

La crise artielle à laquelle nous assistons depuis plusieurs années, n'est aussi que le résultat de la lutte établie entre les deux principes d'imitation. La théorie des apparences, attrayante pour les impatients, à dû séduire nos jeunes intelligences, comme elle séduisit les élèves de Raphaël; c'était le cachet du génie ! elle paraissait favorable à la recherche de la couleur, et bientôt on en poussa l'abus jusqu'aux dernières conséquences. Le Salon de cette année en offre encore l'exemple dans la vaste composition d'un prétendu coloriste, où l'œil le plus impartial ne peut saisir qu'un pêle-mêle de formes et de couleurs inintelligibles, malgré le secours des commentaires officieux ; résultat informe qui vient de rechef accuser l'impuissance d'un système aussi faux dans son principe qu'il est dangereux dans ses applications. Si ce système et l'école romantique, à qui il a donné naissance, ont menacé l'avenir des arts en France, la résistance opposée par les sectateurs de l'imitation positive ne s'est pas laissée vaincre, ce qui est fort heureux. Celle-ci acquiert même évidemment plus d'empire de jour en jour; c'est un fait que l'exposition actuelle peut servir à constater. Rien n'est donc encore désespéré; appuyé sur ses véritables bases, l'art peut et doit aspirer au progrès.

La Suisse et l'Allemagne nous ont envoyé plusieurs productions , remarquables surtout par cette vérité d'imitation minutieuse poussée jusqu'à ses dernières limites, comme dans certaines têtes d'étude et plusieurs portraits de l'école de Genève, comparables au rendu extraordinaire de Balthazar Denner et au fini de Gérard Dow. Cette exécution consciencieuse se retrouve aussi dans les paysages de la même école, et surtout au degré le plus éminent dans celui qui a été envoyé de Berlin, et qui est exposé sous le n° 943. Aux yeux de l'observateur attentif, ces imitations naïves sans système et complètes, mises à côté des exemples d'imitations, vraies aussi, que présente notre école, en opposition avec les systèmes d'apparence et d'affectation rétrograde dont les sectateurs sont malheureusement trop nombreux, formeront le caractère le plus éminent de l'exposition de 1840, et si d'utiles leçons peuvent en sortir, cette exposition aurait pris rang parmi les plus intéressantes, en dépit de l'opinion dépréciatrice des journaux.

Il est vrai que le nombre des tableaux d'histoire est peu considérable cette année; mais tel qu'il est, il suffit pour attester la supériorité avec laquelle la peinture historique est traitée dans l'école, toutes les fois qu'elle reste fidèle aux bonnes traditions. Il est même de notre devoir, à l'égard de la composition la plus capitale, et parce qu'elle a été mal appréciée par la généralité de la presse mue par l'esprit de parti et par une partialité inconcevable; il est, disons-nous, de notre devoir de faire observer que le souvenir de l'un des faits les plus mémorables de notre histoire contemporaine, de l'ouverture des États-généraux en 1789, est, si l'on peut ainsi s'exprimer, une page écrite à la manière de Tacite, empreinte de cette haute philosophie qui indique, dans un fait, par la science de la mise en scène et la puissance de l'exécution, toute la série des événements qui en furent les conséquences.

Les sujets religieux ou bibliques, favorables aux études classiques, sont en assez grand nombre; si le style mystique de la renaissance se fait encore remarquer dans quelques-uns, ces essais malheureux deviennent plus rares, et l'on paraît être convaincu que l'art, pour être chrétien, n'a pas besoin d'être roide et difforme.

Le portrait est certainement une des meilleures études du peintre d'histoire; la nécessité pour lui d'être vrai le rappelle alors aux véritables principes de l'imitation. L'exposition de cette année ne le cède en ce genre à aucune autre antérieure; elle conservera aussi le même rang à l'égard de la peinture du genre anecdotique; celle-ci offre encore un ensemble de perfections de détails, qui permettent de placer certaines petites toiles, non pas seulement à côté d'œuvres capitales, mais même à côté des plus précieuses que la peinture ancienne nous ait léguées. Cette observation s'applique singulièrement à la plus petite de toutes, *le Liseur*, à juste titre regardé comme comparable aux plus fins Miéris; bijou auquel on ne peut reprocher qu'une affectation à la couleur rembrunie par le temps, et si différent en cela de cet intérieur flamand exposé près de lui ; ce dernier tableau en effet joint à la plus complète transparence de ton, la finesse d'exécution et la touche spirituelle de David Téniers.

Si le pastichisme a vraiment des résultats fâcheux, ce doit être dans ce genre, qui, plus que tout autre, ne peut se passer de la vérité d'imitation positive. Le paysage a beau nous offrir des lignes choisies, une composition savante ou poétique, si ses ciels ne sont pas de l'air, ses arbres de la verdure et ses eaux de transparents miroirs, en un mot, sans la couleur et la perspective aérienne, il n'y a pas de paysage. Disons-le franchement : les paysagistes qui cherchent la vérité d'imitation, la transparence et la couleur, sont en trop petit nombre. La presse, coupable à leur égard, ne tient même aucun compte de leurs efforts, pas plus qu'elle n'a tenu compte de la plus remarquable production, en ce genre, que nous aient envoyée les étrangers. Cependant ce paysage, par la couleur de certaines parties, le dessin et la conscience d'exécution complète de tous les détails, est digne d'être mis sur la même ligne que les plus beaux de l'ancienne école flamande, et de donner d'utiles exemples à tous les paysagistes. Au reste, et à peu d'exceptions près, la presse entière semble inféodée aux systèmes des anti-coloristes, imitateurs vieillis avant l'âge du Poussin, du Dominiquin, de Guaspre, et de ce coloriste bistré qui affectionne les scènes orientales. « Rien n'est plus croustillant, plus ragoûtant, plus doré, plus beurré, plus capricieusement frotté, égratigné et empâté, » s'écrie un journaliste dans l'effort de ses crispations laudatives; et véritablement cet éloge semi-culinaire a le singulier avantage de rendre un compte assez vrai des impressions produites par ces peintures, plus bizarres qu'originales.

La sculpture offre cette année moins d'exemples du système faux qui a essayé de la faire changer de route. On prétend que le jury a exercé à son égard encore plus de sévérité que pour la peinture; là aussi on peut bien croire que des erreurs ont été commises. Il en est une, entre autres, qui a donné lieu à une réclamation fort vive de la part de la victime. Ici encore rien de plus partial que les jugements de la presse, et, aux yeux de certains journaux, l'exposition aurait été spoliée des chefs-d'œuvre michelangesques d'un homme qui n'a pas encore pu parvenir à la faveur d'être admis. Chose remarquable, parmi les morceaux exposés, le seul dont aucun n'ait parlé, est cette charmante figure du *Faune*, qui, par le goût et l'étude des formes, la science anatomique de l'exécution et la perfection du rendu, mérite justement d'être placée au nombre des meilleures sculptures de l'école moderne et en première ligne à l'exposition de 1840.

Plusieurs belles planches, entre autres une des plus capitales qui aient été exécutées depuis longtemps, attestent que l'art de la gravure ne décline pas en France, malgré le peu d'encouragement qu'elle y a reçu depuis dix ans, et en dépit de la partialité avec laquelle les journaux gardent le silence sur l'œuvre la plus importante, pour vanter le portrait d'un de nos hommes politiques, ou le plus mince essai de l'ami des amis.

L'architecture aussi a fourni à l'exposition un contingent honorable. De beaux dessins, des projets bien conçus et surtout deux restaurations, l'une, de la maison dite *du Faune*, à Pompeï, et l'autre, du théâtre antique de Taormine, attestent la bonne direction donnée à l'étude de cet art, et tout à la fois l'adresse de main avec laquelle le moindre détail est rendu. Si cette habileté manuelle n'est pas indispensable à l'art, on peut dire néanmoins que, semblable à la pureté du style en littérature, elle ajoute à l'intelligence de la pensée créatrice, lorsqu'elle ne séduit pas aux dépens de la raison et de la possibilité d'exécution, éléments essentiels de toute conception architectonique.

Ainsi, messieurs, je le répète, l'exposition de cette année offre un degré d'intérêt tel, qu'elle n'est en rien inférieure aux précédentes; plus qu'elles encore, elle a été enrichie des tributs de l'étranger, qui font du salon du Louvre un salon européen. Heureuse fraternité des beaux-arts, utile à leurs progrès, utile à l'instruction des artistes, et dont nous sentirons d'autant mieux l'influence que, fidèles à la vérité d'imitation, nous saurons apprécier à leur juste valeur tous les enseignements, de quelque part qu'ils nous viennent.

En terminant, nous devons persister à réclamer contre la détermination que l'autorité paraît avoir prise irrévocablement, celle qui concerne les encouragements décernés par elle à la suite du Salon. Cette année encore, elle n'a pas jugé nécessaire d'appeler le grand jour de la publicité et la solennité de la distribution sur des récompenses, qui, privées de ce grand jour et de cette solennité, prennent le caractère de faveurs individuelles, plus nuisibles qu'utiles. Que l'administration des beaux-arts y prenne garde; ce huis-clos est un oubli de ses devoirs. C'est une atteinte portée à la dignité d'une institution, qui n'est glorieuse que parce qu'elle est féconde, et qui ne peut être féconde que par l'émulation qu'elle doit exciter entre les artistes.

(Extrait des *Annales de la Société libre des Beaux-Arts pour l'année* 1839-1840.

www.ingramcontent.com/pod-product-compliance
Lightning Source LLC
LaVergne TN
LVHW052033160826
845678LV00003B/1312

* 9 7 8 2 3 2 9 6 3 7 0 8 2 *